Dieses Buch gehört

....

Copyright © BPA Publishing Ltd 2020

Autor: Pip Reid

Illustrator: Thomas Barnett

Kreativdirektor: Curtis Reid

www.biblepathwayadventures.com

Vielen Dank für die Unterstützung von den Bible Pathway Adventures®. Unsere Abenteuer-Reihe hilft Erwachsenen dabei, Kindern Inhalte der Bibel auf kreative Art und Weise beizubringen. Konzipiert für die ganze Familie, ist das Ziel der Bibel Pfad Abenteuer, die christliche Nachfolge weltweit zurück in das Zuhause von Familien zu bringen.
Die Suche nach der Wahrheit macht mehr Spaß, als in Traditionen zu verharren!

Die moralischen Rechte des Autors und Illustrators wurden geltend gemacht, dieses Buch ist urheberrechtlich geschützt.

ISBN: 978-1-7772168-6-3

Flucht aus Ägypten

Mose und die zehn Plagen

Gott sprach: „Ich habe gesehen, wie mein Volk in Ägypten unterdrückt wird und habe Ihre Schreie gehört..." (2. Buch Mose, 3:7)

Als das hebräische Volk zu Beginn nach Ägypten kam, hatten sie ein gutes Leben. Joseph, der Sohn ihres Anführers Jakob, war gut mit dem Pharao befreundet. Doch nach dem Tod des Pharaos kamen Nachfolger an die Macht, welche die Hebräer nicht mochten. Diese Pharaonen zwangen die Hebräer, mehr und mehr zu arbeiten, und sie flehten den Gott von Abraham, Isaac und Jakob an sie zu retten.

„Gott, bitte vergiss Dein Volk nicht. Errette uns vor diesem boshaften Pharao!"

Und obwohl es nicht danach aussah, hatte Gott sich schon einen Plan ausgedacht. Er hatte Sein Versprechen an Abraham, aus dem hebräischen Volk eine große Nation zu machen, nicht vergessen. Gott hatte zwar zugelassen, dass sie in die Sklaverei getrieben wurden, doch er wusste bereits, wie er sie befreien würde. Teil seines Planes war ein Baby namens Mose, der dazu heranwachsen würde, das Hebräische Volk eines Tages aus Ägypten zu führen.

Wusstest du schon?

Viele Menschen glauben das es verschiedene Bezeichnungen für Gott gibt. Diese sind Jah, Jahweh, Yahuah, und viele mehr.

Mose erblickte das Licht der Welt in einer Zeit, in der hebräische Kinder auf Befehl des Pharaos ermordet wurden. Es gab mehr Hebräer als Ägypter und der Pharao fürchtete, dass die hebräischen Kinder später als Erwachsene zu seinen Feinden überlaufen würden.

„Die Hebräer haben zu viele Kinder", sagte der Pharao zu seinen Hebammen. „Wenn eine hebräische Frau einen Sohn gebärt, tötet ihn. Wenn es ein Mädchen ist, lasst es am Leben."

Moses Mutter hörte von dem neuen Gesetz des Pharaos. *„Der Pharao wird mir meinen Sohn nicht nehmen,"* dachte sie. Bevor die Männer des Pharaos ihren kleinen Jungen finden konnten, heckte sie einen schlauen Plan aus. Um das Leben von Mose zu bewahren, legte sie ihn in einen geflochtenen Korb und versteckte ihn im Schilf am Ufer des Nils.

Während die Tochter des Pharaos später am Tag im Nil badete, entdeckte sie das Baby im Korb am Flussufer. „Das ist bestimmt eines der Hebräerkinder", sagte sie. Sie betrachtete den Jungen eingehend. „Der ist ja allerliebst. Vielleicht sollte ich Ihn behalten."

Die Schwester von Mose, Miriam, beobachtete vom Schilf aus was mit ihrem Bruder passieren würde. Sie eilte aus Ihrem Versteck heraus. „Prinzessin, soll ich dir eine hebräische Amme suchen, die das Baby stillen kann?"

Miriam lief nach Hause, um ihre Mutter zu holen, die natürlich perfekt dafür geeignet war sich um Mose zu kümmern. Die Tochter des Pharaos freute sich, dass es eine hebräische Frau gab, die sich um den Säugling kümmerte. Als Mose etwas älter war, brachte seine Mutter ihn zurück, damit er mit der Prinzessin leben konnte.

Wusstest du schon?

Der Name Mose bedeutet "herausziehen", weil er aus dem Wasser gezogen wurde.

Mose wuchs im königlichen Palast als Enkel des Pharaos auf. Er trug die edelsten Gewänder, ass die feinsten Speisen und lernte von den gescheitesten Lehrern. Diener verneigten sich vor ihm und Ägypter fürchteten ihn.

Das Leben war besser im Palast als es für ihn als hebräischer Sklave jemals gewesen wäre!

Derweil wurden die hebräischen Sklaven dazu gezwungen hart zu arbeiten. Tag ein, Tag aus schwitzten sie unter der heißen ägyptischen Sonne, bestellten die Felder, bauten Statuen und formten Ziegelsteine aus Lehm und Stroh.

Als Mose erwachsen war, fand er eines Tages heraus, dass er Hebräer war. Er machte sich auf, um seine wahre Familie zu besuchen, die in der ägyptischen Region Goschen lebte. Während er beobachte wie sie Ziegelsteine formten, sah er, wie ein Ägypter einen hebräischen Sklaven schlug.

Moses Herz war von Wut erfüllt. „Wie kannst du es wagen, diesen Sklaven zu schlagen!", schrie er. Er tötete den Ägypter und vergrub seinen Körper im Sand. Am nächsten Tag sah Mose, wie sich zwei Hebräer prügelten. „Warum schlägst du deinen Freund?", fragte er einen der Männer. „Wer bist du, dass du mir Vorschriften machst?", antwortete der Mann. „Willst du mich auch töten, so wie du den Ägypter getötet hast?"

Moses Herz pochte vor Angst. Wer wusste sonst noch davon, dass er den Ägypter getötet hatte? Als der Pharao erfuhr, was Mose getan hatte sagte er, „Findet ihn und tötet ihn!" Mose wusste, dass er in Schwierigkeiten war. Er flüchtete weit weg vom Palast des Pharaos, in ein Land namens Midian.

Mose saß am Rande eines Brunnens in Midian und starrte grimmig in die Ferne. Ich stecke in der Klemme, dachte er. Es gibt keine Möglichkeit für mich, jemals wieder nach Ägypten zurückkehren.

In diesem Augenblick erschienen die sieben Töchter von Reguel, einem midianitischen Priester, um Wasser für die Schafe ihres Vaters zu schöpfen. Eine Gruppe Schäfer versuchte sie zu verschrecken, aber Mose sprang auf und jagte sie davon.

Als Reguel davon erfuhr, wie Mose seine Töchter beschützt hatte, lud er Mose nach Hause zum Essen mit Ihnen ein. „Mose, du hast uns einen großen Dienst erwiesen", sagte Reguel voller Dankbarkeit. „Ich gebe dir meine älteste Tochter Zippora zur Frau!"

Zipporas Schwestern klatschten in die Hände. Sie freuten sich sehr darüber, dass ihre Schwester heiraten würde. Gemeinsam fingen sie an, Vorbereitungen für die Hochzeit zu treffen.

Wusstest du schon?

Das Land Midian befand sich im heutigen Saudi-Arabien.

Das Dorf befand sich in dieser Woche in heller Aufregung. Zipporah würde heiraten! Reguel lud all seine Freunde und Nachbarn zur Hochzeit ein. Die Menschen sangen und tanzten und feierten viele Tage und Nächte lang. Und von da an lebten Mose und Zippora mit Reguels Familie zusammen.

Jeden Tag trieb Mose Reguels Schafe und Ziegen zum Weiden in die Wildnis. So hatte sich Mose sein Leben zwar nicht vorgestellt, aber vierzig Jahre in der Wüste gaben ihm viel Zeit, um sich mit Gott zu befassen. Er war als Prinz im Palast des Pharaos aufgewachsen und war nun ein Schäfer in der Wüste. *Ich bin mitten im Nirgendwo*, dachte Mose. *Was Gott wohl vorhat?*

In Ägypten verschlechterte sich derweil das Leben für das hebräische Volk. Doch Gott hatte sein Versprechen an Abraham, Isaak und Jakob nicht vergessen. Er sah, wie schwer die Hebräer arbeiteten und wusste genau was er tun musste, um sie zu befreien.

Eines Tages bemerkte Mose in der Nähe des Berges Sinai einen Busch, der in Flammen stand, aber trotzdem nicht verbrannte. „Das ist ja komisch", sagte Mose. „Das schaue ich mir mal genauer an." Zu seiner Überraschung hörte er plötzlich Gottes Stimme aus dem Busch.

„Keinen Schritt näher, Mose. Du stehst auf heiligem Boden. Ich bin der Gott von Abraham, Isaak und Jakob." Moses Knie begannen zu zittern. Er riss sich die Sandalen von den Füßen und hielt sich die Hände vors Gesicht.

Gott fuhr fort. „Ich habe gesehen, wie schlecht Mein Volk in Ägypten behandelt wird. Ich möchte, dass du zum Pharao gehst und ihm sagst, dass er alle Hebräer freilassen soll." Mose war von dieser Idee nicht besonders begeistert. „Warum schickst Du ausgerechnet mich?"

„Ich bin ein Niemand und ein gesuchter Man. Der Pharao wird mir kein Wort glauben!"

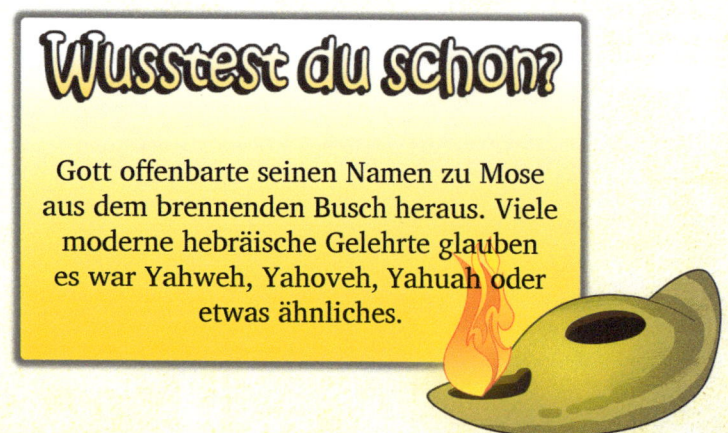

Wusstest du schon?

Gott offenbarte seinen Namen zu Mose aus dem brennenden Busch heraus. Viele moderne hebräische Gelehrte glauben es war Yahweh, Yahoveh, Yahuah oder etwas ähnliches.

„Hör zu", sagte Gott. „Du musst gar keine Angst haben. Ich werde die Ägypter bestrafen, aber Mein Volk beschützen. Wenn du sie aus Ägypten herausgeführt hast, komm zurück und bete von diesem Berg zu mir."

Damit die Menschen Mose auch glaubten, zeigte Gott ihm, wie er Zeichen und Wunder vollbringen konnte. „Was hast du da in deiner Hand?", fragte Gott. „Wirf es auf den Boden!" Als Mose seinen Holzstab auf den Boden warf, verwandeltet sich der Stab in eine Schlange. Seine Augen fielen ihm fast aus dem Kopf. Er betrachtete den Stab mit Erstaunen.

Mose machte sich aber trotzdem noch Sorgen. „Ich bin ein schrecklich schlechter Redner. Kannst du nicht jemand anderen schicken?" Gott wurde wütend. „Hast Du nicht einen Bruder, Aaron? Der redet doch ununterbrochen. Ich schicke Ihn Dir mit. Dann kann er für dich sprechen und du für mich." Mose seufzte und kratzte sich am Bart. Er sah keinen Ausweg, um aus dem Auftrag den Gotte ihm gegeben hatte, herauszukommen.

Mose und seine Familie brachen nach Ägypten auf. Bald darauf trafen sie auf Moses Bruder Aaron, der von Gott angewiesen worden war, sich Mose anzuschliessen. Mose erzählte ihm alles, was Gott ihm gesagt hatte und zeigte ihm die Zeichen, die Gott ihm befohlen hatte auszuführen. Aaron starrte den Holzstab ungläubig an. Er traute seinen Augen nicht.

Nachdem sie ein paar Monate durch die Wüste gereist waren, kamen sie endlich in Ägypten an. Aaron sprach mit den hebräischen Oberhäuptern und Mose vollbrachte seine Zeichen, so dass jeder sie sehen konnte. Die Menschen stampften mit den Füßen und tanzten vor Freude.

Am Tag darauf nahmen sich Aaron und Mose den Holzstab und schritten die Stufen zum pharaoischen Palast hinauf. Mose wollte sicherstellen, dass der Pharao Gottes Botschaft verstand und überließ daher Aaron das Sprechen. Aaron holte tief Luft und verneigte sich vor dem Pharao. „Gott will, dass du Sein Volk freilässt, damit sie seine Weisheiten lernen und Ihn anbeten können."

Doch Gott verhärtete das Herz des Pharaos und er wurde sehr dickköpfig. „Wer ist dieser Gott der Hebräer? Ich kenne ihn nicht und lasse niemanden frei. Ich brauche die Hebräer, um für mich zu arbeiten!" Der Pharao sprach mit seinen Sklaventreibern. „Gebt diesen faulen Hebräern kein Stroh mehr", wies er sie an. „Das können sie sich selbst holen. Sie müssen aber trotzdem genauso viele Ziegelsteine herstellen wie vorher."

Die hebräischen Sklaven wurden wütend auf Mose. Sie versammelten sich und erhoben ihre Fäuste. „Dank dir lässt uns der Pharao jetzt noch mehr schuften. Du hast unser Leben verschlimmert!" Mose seufzte und starrte zum Himmel. „Gott, warum hast Du mich hierhergeschickt?", fragte er. „Der Pharao macht alles nur noch schlimmer. Du hast Deinem Volk kein bisschen geholfen!"

„Du wirst schon sehen", sagte Gott. „Wenn ich mit ihm fertig bin, wird der Pharao froh sein, dass Mein Volk sein Land verlässt. Geh jetzt, und sag dem Pharao, dass er Mein Volk freilassen soll!"

Wusstest du schon?

Das Wort "Plage" stammt vom hebräischen Wort "oth", das Wunderzeichen, Omen oder Warnung bedeutet.

Aaron und Mose standen wieder vor dem Pharao und richteten ihm Gottes Botschaft aus. Der Pharao hielt sich die Ohren zu und lachte. Daraufhin hob Aaron den Stab in die Luft und verwandelte das Wasser des Nils zu Blut. Alle Fische starben und die Ägypter konnten nun kein Wasser mehr aus dem Fluss trinken.

Der Pharao war davon keines Wegs beeindruckt. „Meine Zauberer können das schon längst." Er befahl seine Zauberer zu sich, und sie verwandelten das Wasser im Palast zu Blut. Sie konnten zwar nicht mit Gott mithalten aber für den Pharao war dies gut genug.

Dann ließ Gott Millionen von Frösche aus dem Fluss hüpfen. Sie sprangen durch die Häuser der Menschen und krochen unter ihre Betten. Oh, und wie sie stanken! Die ägyptischen Zauberer ließen ebenfalls Frösche erscheinen, konnten sie aber nicht wieder verschwinden lassen.

„Mose, lass diese Frösche verschwinden!", sagte der Pharao. „Wenn du das tust, befreie ich die Hebräer." Doch als die Frösche alle tot waren, änderte der Pharao seine Meinung. „Die Sklaven müssen doch hierbleiben."

Das Leben war beschwerlich für die Ägypter, doch das Herz des Pharaos blieb hart. Daher sagte Gott zu Mose: „Sag Aaron, er soll mit dem Stab Staub auf der Erde aufwirbeln, dann verwandele ich den Staub in Läuse." Aaron schlug auf den Boden und schon krochen überall Läuse durch Ägypten. Der Pharao konnte nicht aufhören sich am Kopf zu kratzen. Diese Läuse juckten wie verrückt!

Die ägyptischen Zauberer versuchten mit Ihrer Magie ebenfalls Läuse erscheinen zu lassen. Doch es gelang ihnen nicht. „Dahinter steckt sicherlich der hebräische Gott", erzählten sie dem Pharao. Doch der Pharao hörte nicht auf sie, und ließ die Hebräer immer noch nicht ziehen.

Gott sandte daraufhin einen Fliegenschwarm über das ganze Land, außer dorthin wo die Hebräer lebten.
Die Fliegen summten durch den Palast und um den Kopf des Pharaos herum. Die Ägypter versuchten den Fliegen zu entkommen, doch die Fliegen verfolgten sie überall hin und sie konnten nicht vor ihnen fliehen. Das Leben war für das Volk von Ägypten nicht einfach.

Der Pharao aber blieb noch immer stur und stolz. Er weigerte sich, die Hebräer gehen zu lassen. Und so sandte Gott eine Plage über das Vieh von Ägypten. Als die Ägypter am nächsten Morgen erwachten, lagen Esel und Rinder tot auf der Erde. „Wie kann es sein, dass keine der hebräischen Tiere tot sind?" brüllte der Pharao.

Gott sagte nun zu Mose und Aaron: „Nehmt eine Handvoll Asche von einer Feuerstelle und werft sie vor dem Pharao in die Luft." Mose tat was Gott ihm befohlen hatte, und daraufhin befielen Beulen jeden Mann und jedes Tier. Es trieb sie in den Wahnsinn!

Die Zauberer des Pharaos konnten nicht einmal mehr aufstehen, weil sie, genau wie alle anderen Ägypter, von ekelhaften roten Beulen bedeckt waren. Sie knirschten mit den Zähnen und kratzten sich die Beine „Warum können unsere Götter uns nicht helfen?"

Gott beschützte jedoch sein Volk, und keine der Hebräer hatten Beulen.

Wusstest du schon?

Spuren von hebräischen Siedlungen hat man in dem Gebiet bekannt als das Land Goschen gefunden. Archäologen haben die Überreste von Eseln, Keramik und Waffen gefunden.

Das Leben wurde immer schwerer für die Ägypter. Als nächstes sandte Gott einen feurigen Hagelsturm. Blitze zuckten kreuz und quer und Donner grollte am Himmel. Hagelkörner so groß wie Steine regneten auf die Ägypter herab und das Feuer vom Hagel lief am Boden entlang.

Nur in Goschen, dort wo die Hebräer lebten, richtete der Hagel keinen Schaden an. Es war der merkwürdigste Hagelsturm, den die Ägypter je gesehen hatten!

Der Pharao schlug die Hände über den Kopf zusammen und stöhnte. „Mach, dass es aufhört und ich lasse die Hebräer gehen." Doch kaum war der Hagel und Sturm vorbei, änderte der Pharao seine Meinung. Sein Herz war immer noch hart, und er ließ die Hebräer nicht gehen.

Die Diener des Pharaos flehten ihn an nachzugeben. „Wir können diese Plagen nicht mehr ertragen! Siehst du nicht, dass Ägypten zugrunde geht? Lass die Hebräer doch einfach gehen und ihren Gott anbeten!"

Der Pharao dachte über die Worte seiner Diener nach und beschloss, Mose einen Kompromiss anzubieten. „Geht und betet euren Gott an. Aber nehmt nur die Männer." Mose seufzte und schüttelte den Kopf. Dies war nicht, was Gott wollte. Mose wusste, dass es nicht lange dauern würde, bis Gott die nächste Plage schicken würde.

Und so war es auch: Gott sandte einen starken Wind, der den ganzen Tag und die ganze Nacht wehte. Am nächsten Morgen brachte der Wind einen Schwarm von Heuschrecken mit sich. Die Heuschrecken flogen über Ägypten und fraßen das ganze Gemüse und alle Bäume, ja sogar das Gras. Die gierigen Heuschrecken verschlangen alles, was grün war.

Dann streckte Mose seine Hand gen Himmel und Ägypten wurde drei Tage und Nächte lang vollkommen dunkel. Die Menschen konnten ihre Häuser wegen der Dunkelheit nicht verlassen. Es war schwarz wie die Nacht. Nur die Hebräer im Land von Goschen hatten Licht.

Der Pharaoh bemitleidete sich selbst und saß allein im Dunkeln. „Warum passiert das ausgerechnet mir?" Doch sein Herz blieb hart, und er ließ die Hebräer noch immer nicht gehen.

Gott hatte jetzt endgültig genug von der Dickköpfigkeit des Pharaos. Er sagte zu Mose: „Ich werde eine letzte Plage schicken. Um Mitternacht werde ich alle erstgeborenen Kinder und Tiere Ägyptens töten. Keiner wird entkommen. Aber wenn die Hebräer tun was ich Ihnen sage, werden sie verschont. Anschliessend wird der Pharao sie gehen lassen."

Und dies waren Gottes Anweisungen: Die Hebräer sollten mit Lammblut ein Symbol neben ihre Haustüren malen. Dieses Symbol würde sie beschützen. Das Blut war der Schutz gegen Gottes allerletzte Plage. Sie konnten nicht ahnen, dass dieses Symbol ein Vorbote ihres zukünftigen Messias war.

Kurz vor Mitternacht zogen kalte Dunstschwaden durch die Häuser der Ägypter. Jeder erstgeborene Junge starb, genau wie Gott es angekündigt hatte. Doch das Lammblut beschützte die Hebräer, die sich an Gottes Anweisungen gehalten hatten.

Wusstest du schon?

Jeschua wurde am Pessachfest gekreuzigt. Das Blut an den Türpfosten der Hebräer deutete auf das Blut hin, welches Sein Opfer für die Menschheit symbolisiert.

Der Pharao war ein gebrochener Mann. Er rief Mose und Aaron zu sich. „Verschwindet von hier nimmt das hebräische Volk mit Euch. Sie sollen auch all ihre Habseligkeiten mitnehmen. Ich will sie nie wiedersehen." Mose klopfte Aaron auf die Schulter. „Gott hat uns einen großen Sieg beschert."

Hastig packten die Hebräer ihr ungebackenes Brot und ihre Besitztümer zusammen. Dann sagten sie zu den Ägyptern: „Gebt uns euren Gold- und Silberschmuck."

Die Ägypter konnten es nicht abwarten, die Hebräer fortziehen zu sehen. Sie rissen sich ihren Schmuck vom Körper und warfen ihn den Hebräern zu. „Wir haben euren Gott und seine Plagen satt", riefen sie. „Verschwindet und kommt nie wieder!"

Von Begeisterung erfüllt, folgten die Hebräer und ihre Freunde Mose heraus aus Goschen und in die Wildnis. Es war eine sehr lange und schwere Zeit gewesen, doch nun war ihr schmerzhaftes Leid vorüber. „Gott hat uns vom Pharao erlöst", sangen die Menschen. „Endlich sind wir frei!"

ENDE

Wusstest du schon?

Als Mose und die Hebräer Ägypten verliessen, nahmen sie die Knochen-Überreste von Josef mit. (2 Mose 13,19)

Teste Dein Wissen!
(Vergleiche die Antworten mit den Fragen am Seitenende)

FRAGEN

Was war die erste Plage? ....

Welche Plagen haben die ägyptischen Magier nachgeahmt? ....

Was war die vierte Plage? ....

Während welcher Plage wurde Asche benutzt? ....

Welches Buch der Bibel erwähnt die Plagen? ....

Was war die letzte Plage? ....

Wie viele Plagen hat Gott nach Ägypten gesandt? ....

Wer hat das Herz des Pharaos nach der Plage mit den Heuschrecken verhärtet? ....

Was hat Gott den Hebräern gesagt das sie tun müssen, um die letzte Plage zu verhindern? ....

Welche Knochen-Überreste hat Mose mitgenommen, als er Ägypten verlassen hat? ....

ANTWORTEN

1. Wasser verwandelt sich in Blut
2. Frösche und die Verwandlung von Wasser in Blut
3. Fliegen
4. Beulen
5. 2 Mose
6. Tot der Erstgeborenen
7. Zehn
8. Gott
9. Die Türen mit Lammblut markieren
10. Joseph (2 Mose 13,19)

Löse das Wortsuchrätsel

MOSES	MIDIAN
PLAGEN	FRÖSCHE
ÄGYPTEN	AARON
HEBRÄER	SKLAVEN
PHARAO	KINDER

```
H W O M A M P Ä I
T E M R N A U L G E
I A B D X R S A Y A
P H A R A O T G P M
J N H E Ä N S E T O
S K L A V E N N E S
M B X U E F R R N E
K F K I N D E R K S
G F R Ö S C H E I A
L E T M I D I A N E
```

Bible Pathway Adventures

Der Kampf mit dem Riesen

Die Geburt des Königs

Die Sintflut

Schiffbrüchig!

Der Exodus

Der Verrat des Königs

Der auferstandene König

Verkauft in die Sklaverei

Gerettet von einem Esel

Die Hexe von Endor

Die auserwählte Braut

Simson, der mächtige Krieger

Solomon der Tempelbauer

Entdecke mehr Bibel Geschichten von Bible Pathway Adventures!

Lesen Sie die Aktivitätsbücher von Bible Pathway Adventures

 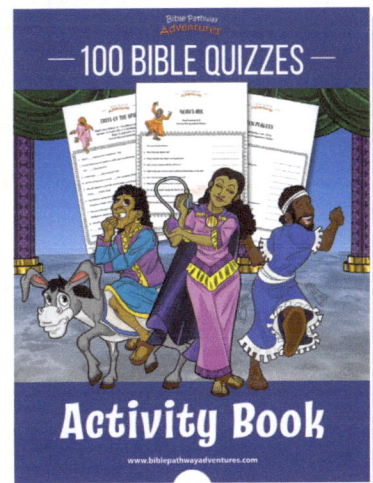 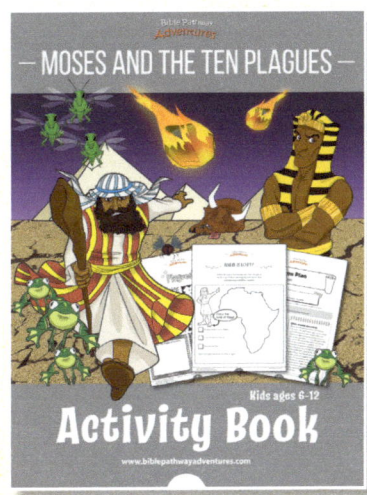 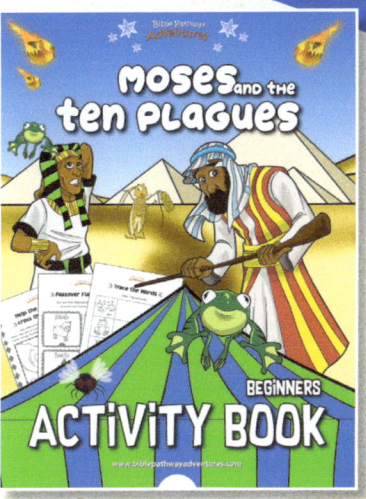

GEHEN SIE ZU

www.biblepathwayadventures.com

www.ingramcontent.com/pod-product-compliance
Lightning Source LLC
Chambersburg PA
CBHW040127120526
44589CB00028B/64